Límites de alcanía

Rito Ramón Aroche
Límites de alcanía

bokeh ✳

© Rito Ramón Aroche, 2016
© Fotografía de cubierta: W Pérez Cino, 2016
© Bokeh, 2016

ISBN: 978-94-91515-24-8

Todos los derechos reservados. Cualquier forma de reproducción, distribución, comunicación pública o transformación de esta obra sólo puede ser realizada con la autorización de sus titulares, salvo excepción prevista por la ley.

Uno	11
Dos	89
Laminar el collage	141
Planetarium	205
Epílogo	219

Pasé por delante del burdel como si pasara por delante de la casa de mi amante.

Frank Kafka, *Diarios*

Debo decir qué, pero ¿debo o, no debería decir-lo? Tal vez sea porque ahora, en este momento ¿de silencios? ¿y del milenium? no lo recuerde. Y hasta adelantar diría qué haya sido o, si fuera ¿grato? y quizás. De hecho, pudiera y pude, de hecho, recordarlo, podría decir, transcribirlo. Que al término de- me pudieran quedar ánimos y fuerzas para. Y no lo hice. En cambio, logro salvar ¿del sueño? y en el sueño, una palabra ahora recordada: Alcanía. *Y con ella una frase que es con la que intento dar y expresar ¿por cada instante? límites. Los límites —llamados así en este o, en estos co-relatos (?) fractales una vez más—* de Alcanía.

Uno

¿Debo decir que me gustan los tratados? ¿Debo decir que me gustan más bien los *falsos tratados*?

Supone que me conoce. O finge. Muy simple. Aparatosa a la salida de un baño en un cine (en su tropiezo conmigo se le ha caído un pintalabios y, debajo de mi pie ¿un pintalabios?) me dice, adopta un tono ofensivo: «Eh, tú, ojihondo». Supone –o supongo más bien– que más tarde... pero no. ¿El testimonio? Muy simple. Es ella la que inicia: «He visto muchas cosas hoy». Y ya en un parque... el bolso desde el suelo: «Porque sé cómo fue todo». Y me dice (adopta un tono ofensivo) ahora, en un puente (el bolso en el suelo, mi vista, el paraguas en la baranda del puente, sus senos colgadizos, mi vista...): «Eh, tú, ojihondo».

«Si hay algo singular. Si algo que podría ser considerado».

«¿Accedes a un juego que no habías visto nunca?». Con aquel bolso…

Yo: «Que tú recuerdes…».

Porque es por ese otro camino que nos estamos yendo y ya, con aquel bolso y, ¿también tú?

El caisimón de anís aún tibio sobre la mesa.

«¿Y los *falsos tratados*?».

¿Son verdes, casi rojas?

Nada como observar bien el avance continuo de una columna de hormigas.

¿Rojas, casi verdes?

Una columna que pudiera bordear el cactus en la ventana.

El avance continuo y la columna.

La pequeña maceta (de cactus) y las hormigas, más al fondo.

¿Y en el baño, presunta *instalación* de T., presunto agenciamiento?

Ante el agua que moja suficiente.

Sentir ese flagelo, *sen-tir* esa latencia, fluido intenso, interno y, ¿sabor muy cálido? sobre la lengua.

T., todavía en el baño. Yo, ante el espejo. Dientes casi manchados. Ante el espejo –*sen-tir*.

«Un día me robé un doberman, y el dueño me cogió».

Le digo al dueño: «¿Qué miráis?».

Me dice el dueño: «El *perráis*».

«Aunque luego –acotó T.– me hice amiguito del dueño».

Aparece la figura, aparece la grasienta figura del padre, acodado a la mesa.

Falto de aire. Falto de palabra igual –que de aire.

El padre: «Tú sacas agua de la piedra».

Largas las manos de mecánico. Las viejas manos sin lavar. Las uñas.

La figura del padre: botas desacordonadas y pantalones raídos.

Inmóviles los labios. El padre. La grasienta figura inmóvil. Acodado a la mesa.

Y luego, en el bar cafetería *Los Marinos* de la avenida del puerto:

«Ese pan agrio, ese café».

«¿Y los *falsos tratados*? ¿Volverías hablarme de los *falsos tratados*?».

…en lo poco de espacio –los niños debajo del Chorro, en el berro, en lo poco de berro, el limo, en lo mucho del limo… mujeres inclinadas que lavan, regañan, las mujeres que apenas regañan («el limo… patinoso») y el otro («el de pelo achurreado…») que lavan, los vecinos que lavan, y cargan agua, inclinadas ante el Chorro las mujeres, las piedras jabonosas, los niños, los agilísimos peces («aquí les decimos guajacones») tozudos, agilísimos

En el (…)

«T., ¿me escuchas, tú me escuchas T.?».

Silencio.

La misma voz, unos minutos más tarde: «Exactamente un cactus para comunicarnos y, comunicarse uno con alguien, o con algo».

Entonces fue que hablamos algunas cosas que supongo dijo no haber comprendido *bien* y a esa hora. Y hasta creo que dijo alguna otra cosa *más* creo.

Y de paso: «Si crees que no merece la pena recordarlo pues, olvídalo, ya sabes, mejor es que pienses que nunca hemos hablado. Que nunca. Que nunca hemos hablado nada. Nunca, nada». Y en un tono ofensivo: «NADA».

La tarde se humedece –el aire.

Gran ruido. Oscuridad total en todo el vecindario. Los hombres de la compañía de electricidad, en dos horas, en el poste; con sus cascos, sus botas de seguridad, sus guantes.

Los hombres de la compañía de electricidad, todavía, más allá de la media noche.

«¿Lloverá hoy?». Y otra vez: baja la cabeza, los codos sobre las rodillas, el bolso entre las manos.

Y no es que no ames ni te sorprendas, sino que te fijaras bien qué te preguntan.

«Que te fijaras *bien*», le digo.

Y otra vez: las hojas que caen sobre el banco, las sombras. El sol cuando se oculta.

La misma T.: «Es preferible», insiste, viéndome así, y ahora, *con ese aroma y esa cosa* fuera: la sombrilla. «La grosera sombrilla» sentenció. «¿Y que no hieda?» [¿Sic?] Creo, sí, que eso dijo.

Raro ese apasionamiento por los cactus. No los cuida, no los cultiva. Incluso no la he visto nunca siquiera el apreciarlos.

Y así es que dice saber muchísimo de ellos, de montones de ellos: nombres, de montones de nombres, vulgares o no, y de su hábitat.

«Lo que sí me ha gustado es siempre uno en la ventana».

Abriendo un boquete en el (…) y a esa hora ¿3. a.m.? T., es lo que dice.

Prodigiosa en el suelo: «Un mínimo».

Lo mismo que se debería hacer para marcar el territorio.

También si, de pie, sin sujeción, sujeta.

También yo otras en el suelo, desde el suelo, por el suelo.

¿Cuál un gato?

Lo mismo que se debería hacer, *un mínimo*, para marcar el territorio.

...la oportunidad de conversar en el puente, acodados en el puente, los pies cruzados, el vértigo por la altura o que la altura supone ¿no es, o no sería otro, por así decir, el testimonio? ¿Un pájaro que cruza el río y no *un pájaro al que sólo se le ve cruzar el río*? El paraguas que apunta hacia un rápido donde, seca, caída, una rama; y una hoja de plátano recién cortada, arrastrada por el agua (mi vista disimulada hacia los senos colgadizos ¿el testimonio?) los árboles, sus copas, al alcance aparente de nuestras manos –del paraguas apuntándolas, apuntando–. Ahí los barrios: de un lado Simba, el Palenque del otro. Ver la bruma, la boca de las cañerías en el río, o el animal diría («¿una rata?») asustadiza, en el agua brumosa –bajando ya el paraguas, dejando de apuntarla ya con el paraguas– olisqueante la rata asustadiza, en la hierba brumosa, en la piedra

Chisporrotea la grasa en la cocina.

«Vete a ver».

Con ese gusto a kerosene.

Con ese gusto a kerosene –siempre.

«Vete a ver». En la cocina chisporrotea la grasa…

Abro un boquete en el (…)

Debe ser, sí, dentro, también que aparece, con esa gorra de marino –y un bolso. Bolsa de marino y gorra, seguramente, con los que desaparece.

«Un día bebí mucho». Y me cuenta: «Si vieras, dicen que comencé a tirar vasos contra las paredes. Nunca lo supe». Entre sus dedos ahora un cigarro. «Si lo sé, y lo cuento —agrega—, es porque a mí también me lo contaron».

«¿Sí?».

«Me lo contaron». Y vuelve, echada en el suelo, mirando sin mirar, entre los discos, mirando. Entre los dedos un cigarro: «Debe ser malo ¿eh? De no saber cómo podrían estallar, de no saber cómo, y uno, así en tal estado; y que no sepas, y que te llegues a enterar al otro día porque alguien te lo cuente». Y sin dejar ahora de mirarme aprieta contra algún cenicero en el piso el cigarro.

Sin que intentara esta vez… se yergue. Erguida desde el suelo: «¿Debe ser malo?».

Posiblemente, sí, un cactus –en la ventana.

Y me deja hasta frío, en el corredor que instaba, o instaría, llegar a la cocina.

Frío, frío.

Vemos qué pasa: «En el entresuelo creías estar bien».

«Bueno, pero me creas o no –mantuvo– vamos pasando».

Hay una de hormigas que han encontrado su sitio en la ventana, al lado del cactus, en un punto, en la ventana.

Dónde ver la arenilla.

«Y si no duermes, no sé qué podría ser más o podría ser menos importante, tal como piensas, tal como dices ver, por cierto, y mientras dormías hoy, una arenilla».

¿el bar *Renedy's*? –bocas que inhalaban el humo incoherente de cigarros, las moscas en el ventilador inútil, la mierda de las moscas, el revoloteo de las moscas, había quién siempre dormitaba sobre alguna mesa y ya despierto, alzaba el vaso, ya vacío, y decía, o cantaba («quiero decir, cantaba nada, decir, bueno, no decía nada») el orín en la silla, el pantalón, si sostiene o trata con viejas revistas o periódicos, caedizos o casi y entre manos, de entre manos una jaba sucísima en el suelo, el mentón en el pecho, cigarros en el baño, las bocas que *inhalaban* en el baño, el ruido fatigoso del ventilador («del otro, siempre ese ruido») y el cubilete, las pocas voces, la risa, la gritería de las pocas voces, hay música («una radio más bien») y la cerveza, el ron y la cerveza y los mismos espaguetis («en el baño… que mancha la pared, el vómito, que mancha el urinario») el orín en el piso, colillas en la mierda, papeles, obscenos dibujos en la pared, la voz que dormitaba («longi…») eso, si trata, ronquísima la voz, de entonar o de dormir. Y ante el olor penetrante que vendría del baño, algunos («cierren la puerta») al llegar al *Renedy's* eso, o al salir

¿Frutas o semillas? Las veíamos crecer tan dúctiles ahí en el solar yermo.

«La mata de naranja agria en el patio. Y en el patio –la zanja que pasaba al fondo.

La figura de mi madre (tendría yo unos cinco años) en el suelo, desangrándose, en la cocina. Desangrándose por los agujeros de algún tipo de bala.

La fría mirada de mi madre, T., casi inconsciente, incongruente casi, en el suelo».

Hay un juego –¿lo sabe?– a punto de iniciar.

Presencia de un tablón y de un viejo con una carretilla.

«¿Qué decía antes allí?».

Borradizas las letras en la puerta y la pared.

«Veo un puesto de viandas», mascullo.

Si alguna cosa sabe, puede ser; y sin embargo, al menos, me pregunta.

«¿Que qué era aquello?».

A punto de salir y andar, un viejo, una carretilla. Presencia de un tablón –¿y el juego?

Come rápido, se baña rápido, vive rápido. Eso, en mi libreta de apuntes, algún día.

Me hablaba de un cuarto impersonal.

«¿Un pudridero?».

«Oh, no, un *planetarium* –me dijo– al lado de un pequeño solar yermo» me dijo, el primer día que vino a visitarme.

…el asfalto. Quizás algún camión solo, en la tarde, hacia atrás. Quizás algún barrendero atrás, sin tiempo («no sé qué relación podría tener todo esto con un par de dedos que T. me mostraría entablillados») el camión solo hacia atrás, solo, sin tiempo, aquel camión.

Las piernas del barrendero… el camión

Que caen de las sombras. De las hojas que caen sobre el banco.

De las horas.

Y otra vez debimos preguntar. En el parque –debimos haber visto.

Digamos, el tono vastísimo de él. De ella –el rostro insoportable.

T.: «¿Una relación que se acaba?».

Y otra vez: sombras y hojas. Nosotros desde el banco.

Precipitadamente bien, se muestra hábil, hacia un *continuum*.

Sábila, caisimón y el ítamo real.

Los tanques oxidados, fríos –como el agua.

Macetas de siempreviva y cordobán.

Por sobre el muro abierta –ya.

La areca (vecina) por sobre el muro.

Qué tan buen elemento. En apenas diez días se puede poco.

Mis manos en el cactus. Sus manos.

«Él es un poco bailero», dice. Lo dice a nadie, y me mira.

«Todo está en que tú quieras remediarlo».

«¿Todo está en que *tú* quieras?» consigue, sin conseguir y cierra de un golpe la ventana.

Me fijo si progreso.

Sus manos que sostienen mi cabeza.

Extraños hilos. –Mis labios, dilatados.

Extraños hilos develan en mi lengua un gusto pegamentoso.

¿Señal que también ella en el suelo, desde el suelo, por el suelo?

Sus dos manos comprueban mi cabeza.

«Tú que bailabas, yo.

Aunque también creo, en el fondo, que en el sueño más bien, era:

Sangre que goteaba por dentro de los bajos de mi impecable pantalón gris.

Tal como sabemos ya: tú y yo que bailábamos, y que además fuera esto, en el sueño, y que rondaras».

«¿Y entonces? –La mano sobre el viejo aparato de amolar. Su armónica».

Cierta arenilla que podría anular perfectamente si llegáramos al puente, perdiéndonos, por aquel callejoncito lúgubre. Hablo de una, que podría ser, *insurgencia*, y que también podría ser, *de la palabra. De-las-palabras.*

Y de un rebrote.

Por aquel callejoncito y de camino, hacia el puente… oh, Dios –¿cierta arenilla?

¿Moscas? El día entero. Hay momentos, y esto debo decirlo, que me simpatizan. La razón no la sé. Aunque en verdad no tanto. Las hormigas…

«Qué demonios».

A mi edad, que a veces arrastre los pies, no lo soporta. La cabeza tumbada hacia delante. Atrás las manos que sostienen un periódico.

«Las hormigas –sigo pensando–… ¿las hormigas o las moscas?». Sigo pensando.

Puso un muro:

«No quiero rozamientos. No quiero de *ese* rozamiento».

«¿Que te deprima?».

Abriendo un boquete en el (…) lo tengo claro: Puso un muro.

«Diablos, la sombrilla».

«No te desesperes. Tú y yo vamos a tener un mínimo».

Pausa.

«Observa. Mira a toda esta gente…».

«Que me importa *toda-esta-gente*. Yo quiero mi sombrilla, T., la he olvidado. En la baranda del puente…».

«Aquí la gente se pierde –exclama–. Después no sabes nada más de la gente», exclama. Y lo dice, perdiéndonos *por* –y en una tarde, de camino hacia El Chorro.

Qué tan buen elemento. La tarde es toda agua y de la noche –parte.

«Prenderé un cigarro». No fuma mucho pero a veces un cigarro.

Entrecierra y abre las piernas. Por aquel tiempo una cadena fina y de oro en el pie izquierdo.

«Lo que más fumo tú lo sabes». Aspira el humo, lo expira, en tanto corto unas rodajas de tomates acabados de comprar. Me mira y dice: «Pero ya ves, a falta de pan…».

La ceniza ya es larga. Tan larga casi como el mismo cigarro. Miro sangre en mi dedo. Gruño.

«Ah, no te preocupes», dice. Las manos en su regazo. El cuchillo con sangre –el tomate. También mis labios, también ahora la sangre (de mi dedo) en sus labios.

Desde la silla el movimiento de sus piernas.

Las manos ahora en su rodilla. Tranquilamente: «En la guerra había más cuando se perdió».

Entreabre cada vez más, cada vez, las piernas. Miro sangre en mi dedo.

Y en el bar cafetería *Los Marinos* de la avenida del puerto:

«No me interesa una cosa segura para apoyarme».

Quiso ver en mis ojos.

«No te diré qué me sirve».

Prosiguió –:

«Tú no me sirves».

En el bar cafetería *Los Marinos* de la avenida del puerto.

Me lleva hasta la puerta y cobra –en el trayecto– ingravidez.

Intrusa.

«En la cartulina aparezco. Manejo. Tú sabrás».

«Fue en tiempos de una guerra».

Le explico:

«Fue en tiempos de una guerra, T.».

Ella, replica en el trayecto. Replica en el trayecto, intrusa, y de mis cosas: «Bien, tú sabrás».

«Mira, te digo qué ocurrió, porque sé cómo fue todo» me dice, en tanto hacía malabares (pobres) con un cigarro.

«Un día abro esa ventana —me dice— cualquier día».

El cigarro en sus dedos.

Se fue sobre extendida, extendiendo, se fue sin el cigarro, con esa rodaja de tomate, y ese aire («*Oh, my god*») farfulla, o maldice («*Isten*, en húngaro...») milimétrico, la rodaja de tomate, el seno... T., a escala milimétrica sobre la cama.

De vuelta –por aquel callejoncito– oteamos, umbrátiles, en la basura.

El Chorro todavía aún más allá. Luego del puente. Mujeres que lavaban. Niños. Las cañerías que desembocan en el río. La espuma jabonosa del agua hacia el río jabonoso. La hierba y la basura. La ropa blanquísima, la ropa, ya en el Chorro, tendida. Nosotros sobre el muro, el musgo. El berro.

«¿Tú crees en la reencarnación?».

Habría poco sol. Miró a los niños.

«Lo que no creo es en la memoria del alma».

¿Y edenantes –No hay de otras, no. Por aquel callejoncito, si husmeábamos… Después se supo.

En la pared de mi habitación una postal donde se refleja una pieza de Duchamp.

Air de Paris.

Debajo un cartel presillado: «Una ampolla de vidrio con aire de París».

El problema mío ahora es: que cuando tengo que buscar algo no lo encuentro.

Ella, aunque un poco asustada, avara ella, ante mis pensamientos: «Ya nada es *tuyo*».

Y habría pensado: «¿Un gato que pueda hacer equilibrio sobre un mendrugo, un «resto»? ¿Un gato enjuto, sobre tu hombro enjuto es militar el gato, su cuerpo es militar, su centro y pronto, el gato y tú y todo aquí, todo en un punto, milimétricos?».

«Ya nada es raro» me dice, mientras palmea el fonógrafo. Sus manos entre viejos discos. Yo: «T., la policía…».

Y qué teníamos que ver allí en el baño. Ella, con aquella indumentaria de mujer barbuda, o yo, desde mis argumentos.

«Pero si tienes barbitúricos —me dice— da igual».

Pienso: «¿Y las semillas?» Pienso: «¿O eran frutas?».

Ruidos. Doy unos pasos hasta la máquina de escribir. Tecleo un poco.

Tu sueño es —si no es que pienso que podría ser— milagroso.

Apenas eso. No consigo por el resto del día más. Difusa como ha quedado mi mente con esa imagen de –, en tacones de punta y más, con aquella indumentaria de mujer…

El padre, desde una posición que intenta, si busca de ocuparse, de ocuparte.

Roída su camiseta de trabajo, la de chofer, la camiseta misma de mecánico.

Un cuello que se estira, yergue. Una cicatriz, vieja, absurda.

La mano, eterna mano izquierda sobre la vieja cicatriz («la armónica…») si busca.

El padre (…) ¿Si intenta? –Un palillo entre dientes, o en los labios.

Y se ha propuesto bajar un tanto la ventana. Ver algún albañil, pagar.

«No importa. Eso sí, la ventana más baja».

Silencio.

«Por ahí pasan o deberían pasar, si lo intentáramos, los barcos».

Silencio.

«Y una vez que lo haga…». Eso, explicaciones así, una mañana.

¿Y por estos días? –El cielo como estaño, vide.

La calle de pulidas piedras, brillantes, mojadizas piedras.

La luz que lo ilumina todo y mal.

Por aquel callejoncito, deforme, alienante.

Nos tapábamos con alguna cosa. Mal la luz en la llovizna.

Si de ruidos, se sienten, en la casa de T. –la gotera en el lavadero del vecino.

Y los toques en la puerta. Nadie que conteste ni que abra nadie.

Una luz indistinta en la noche encendida. Que puede ser en la cocina, que en alguna habitación podría.

«Poss, poss». A veces toques incesantes en la puerta del vecino. ¿A veces toques de quién / quiénes en la puerta vecina?

Chata la nariz y un tatuaje hundido en las arrugas del pecho. Los ojos de entre arrugas.

«Ha caído un diluvio».

La figura del padre sin anunciar. Falto de aire.

Falto de palabra igual que de aire.

No que dijera… que dijera esta vez: «Tú sacas agua…».

Irrumpiendo en el baño. ¿El padre –presuntamente? Debajo de la ducha…

Distintos y pocos y descuidados libros –por el piso.

Cuando pasábamos por detrás de la antigua fábrica de toallas, parece que se ahoga, tose.

«El olor fuerte de la lavandería».

Minutos de una voz *cuasi* afectada / aflemada.

Por detrás de la fábrica.

Me besa –me besa mal o bien–, noto que hace, supongo para que no hable.

«Para que nada digas», acepta cuando pasábamos por detrás de la antigua fábrica de toallas.

En el agua –de la noche inmediata:

«No terminaría nunca de contarte».

Me ofusco.

Con su habladera, intermedia, en la noche del agua.

«De contarte», me insiste.

¿Bajo el agua apresada de la noche –apresada?

Me insiste –Un llavero.

¿La pérdida irreparable ante la puerta de una llave?

Intermedia en el agua, con su habladera, en la noche inmediata.

Manos que huelen a hierbas aromatizantes. Tallos. El tratamiento de alguna carne.

Al verla con unas libras de más: «¿Y ya no fumas?».

Últimamente… también su voz que viene de otro lado:

«¿Me esperas?».

«En cuanto empieces a poner los cinco sentidos en algo…».

Y me interrumpe, como si no quisiera seguir de alguna *otra* cosa (…)

…desaparece –allá en el Chorro el espesor (…) en el agua, en lo poco de espacio el espesor del fango, en el berro, el chapoteo, el limo, las piedras bajo el limo, el ruido de las cañerías, hacia un río macilento y graso, intáctil, de renegridas piedras, el río, intáctil, de aguas renegridas

«En la soledad del cuarto y luego de haberme emborrachado.

Vasos contra las paredes –y la ventana.

En la soledad del cuarto y luego de haberme emborrachado».

Diablos –en la estación de policía– declaró T.

Toma de su infusión, y calla. Mira el pesado bolso. Bebe. Y se revuelve entre sábanas como si no terminara de acomodarse nunca. Otra vez un cigarro. Boca arriba, brazos finalmente abiertos, brazos finalmente, extendidos. Humo hacia el techo. El humo hacia todas partes, pero también hacia el techo.

La ceniza que comienza a alargarse.

«Me jode eso». Rumio.

Ahora mi manuscrito en una de sus manos; mi manuscrito ahora que cae (lo veo caer) de su mano derecha al suelo. Cierro los ojos. Ella como si nada.

«¿Es bueno blasfemar?», pregunta. Pregunta a nadie T., cigarro en mano, así, vuelta, como si nada.

Hundida en el (…):

–¿Precisa otra inmersión?

Mascullo entonces: «Se ha producido».

Va y viene (aparatosa) del baño. Incómoda –se muestra.

Guarda un pintalabios, o eso creo, en el bolso.

Me besa mal, o bien, o eso creo.

Contiene la presión sobre mi mano. También su respiración.

La acomodadora que alumbra, busca, entre lunetas. La acomodadora:

«Escribieron en el espejo del baño. Una cita que creo ofende a las acomodadoras».

«Al principio vivíamos a un costado de la antigua fábrica de toallas.

En la calle 124.

Solos, casi siempre, en casa; cuidaba sobre algunos cartones en aquel piso frío, y de tierra, a mis hermanas.

Al principio, muy al principio, cuando aún vivíamos al lado de la antigua fábrica de toallas».

Alguna vez: «En tu libro no hay fotografías». ¿Se referiría a este, *Límites de Alcanía*?

Hojea el manuscrito. «¿Versión cuánta?» Hojea. No lee nada, pero hojea. Viene al librero. Toma un plumón, lo prueba sobre una hoja en blanco y lo deja, quiero decir, los deja, plumón y hoja, en cualquier parte. En verdad todo aquello que toca lo deja donde quiera. Días que tiene así, días que son siempre casi todos los días, y que tiene así. ¿Nerviosa? ¿Intranquila? Sobre la cama unos pasos. La mano hasta el sonajero de huesos: …del gato que alguna vez fue el gato de casa. Otros pasos. Una historia muy simple. Retrocede. Una historia muy larga… Se sienta. La historia de cómo un gato vino a parar, de manera muy simple, a casa, y de la casa, mucho tiempo después, en sonajero.

«La historia así de simple hasta en los huesos de un gato» le explico.

Y sobre el manuscrito:

«Me gustaría pensar que no había, o no se conocían en esa época las fotos. ¿De verdad que no se conocían?». Poco o casi nada ha leído, y me habla de fotos… La almohada (rota) encima de sus piernas. Vulgar, en fin, sobre la cama rota.

¿Habría algo más que consignar? En tiempos de mucha lluvia los camiones de evacuación hacia zona del Puente Negro –y del Chorro, además.

Sin un límite en la demarcación y un crecimiento, de casas (¿casuchas?) hacia zonas del Puente. Del río, hacia zonas del río.

En tiempos de mucha lluvia sin un motivo de navegación (…)

Sobre asuntos de y la metempsicosis: «Si es esa tu emoción…», le escucho.

Habían estado ladrando durante toda la noche, unos perros vecinos.

Le escucho: «Y no es difícil».

Bordea un minuto en el (…): «La cuestión de si morimos o no…». Los brazos bien abiertos. Bosteza.

«Puedes conmoverme. Sí, de hecho creo que puedes conmoverme». Soñolienta masculla ¿difusa? ¿Incoherente? La gotera (…)

¿Bar Renedy's? —el pie derecho sobre la silla, botellas que podrían ser retiradas, los hombres alrededor de la mesa, las manos grandes que se agitan, el cubilete que también se agita, la risa que se abre, hay los brazos cruzados, y la risa, el cubilete, las manos grandes que contrastan con el traje blanco, el chaleco en el antebrazo izquierdo, la elegancia de la mano derecha que se mueve con/entre los dados del cubilete, la cerveza, el chaleco del traje finalmente en el respaldar de una silla, ahora el pie izquierdo sobre la silla, ágiles sus dos manos, el pecho descubierto, la cadena sobre el pecho («¿una Santa Bárbara?») («grandísima sobre la espalda») también uno pequeño («no sé si un corazón») hundido entre arrugas en el pecho, el humo del cigarro, también el ruido del único ventilador ¿útil? fatigoso («la puerta del baño») se habla de un hombre acuclillado que al parecer no importa a nadie («vomitoso el hombre») ante la puerta del baño, ante la taza del baño… («un hombre vomitoso») un hombre acuclillado entre la mierda ante la puerta del baño

Sentada bajo el mural que estuvo frente al muro del cementerio:

«¿Habrá quien decida más?».

«¿Saber que puedes irte como un gato defendiendo? –le digo–. Saber que nada es vano».

«Pendejadas» me dice.

Mientras creía esparcir sin miramientos, y ya en casa, un grupo de mis apuntes.

Sin miramientos: «De donde habrías podido tomarlos nada sé».

Sin miramientos: «Color turbio», me dice. El caisimón de anís aún tibio sobre la mesa.

La molesta gotera en el lavadero vecino.

«El sol hecho pedazos». Virutas en el fregadero.

De camino hacia el baño y en tacones de punta:

«¿Tú has visto la bata, la otra, la otra bata que uso, la que yo traía en la mano, tú la has visto?».

Una mañana.

Sentado, el rostro sobre el papel en blanco. La máquina de escribir...

«No. No he mirado hacia atrás» –dije, sin aclararme la voz.

Oh, creo que le encantó, creo, tan absurda respuesta.

«Abre tus ojos —me dijo, mientras nos acomodábamos en algún sitio de la avenida del puerto–, el mundo no es tan estrecho».

Quisimos, y tomamos, esa tarde té frío. Una multitud que aparece, no muy lejos, de la lanchita de Regla.

Un martín que también…

Salado el aire, las olas, contra el embarcadero.

Degustábamos de algunos dulces.

«Por dios, no ese pan agrio».

La lanchita que atracaba. En el espaldar de la silla (de la silla de T., claro) mucho mejor el bolso.

«Ciertamente —me dijo— quizás el mundo sea bien distinto mientras duerme».

Y dejamos nuestra cuenta. Al levantarnos era evidente que no queríamos hacerlo, esto es, despedirnos. En tanto la lanchita de Regla…

Dos

Y ella, definitivamente sintió necesidad de alejarse y yo, ese día, sentí *necesidad*.

¿Qué habría pensado? Y hoy: ¿Qué habría pasado?

La lanchita de Regla, el bolso...

¿Te imaginas? —así que vuelvo abrir un boquete en el (...)

Tendría que ser, nerviosa, insegura casi, ¿insegura esta vez? con esa gorra de marino, vientre casi abultado...

Yo: «¿Veré a T.?».

Al menos esa es la idea, la noción que tuve, en esos días. ¿La idea fija?

No mucho, a veces, un cigarro.

–El pionero de los dibujos animados Joseph Barbera, creador de *Tom y Jerry* y *Los picapiedras*, murió a los 95 años en su casa de *Los Ángeles*. (DPA)

Por el suelo. Periódico en la mano (es lo que recuerdo) y tijeras.

Un cigarro. –El pionero de los dibujos animados… No mucho, sólo que a veces.

«De vez en vez...» escucho, en unos minutos que estuve así, casi, reclinado.

Queriendo agigantarse, contraerse. Queriendo contenerse, agigantarme.

Boca hacia la nada sin perfección, sin. Con un molesto olor... El vaso, junto a la cama.

Con un molesto olor.

¿Ya involuntaria?: «Pero de cuando en cuando...».

E intenta proceder. Provista y desprovista, su boca y sus manos ¿sin perfección? —sin.

Sentado –el brillo de la armónica en sus dedos.

«Falto de aire. ¿Falto de palabra igual que de aire?».

Renqueaba.

La mano sobre la absurda cicatriz.

A veces– sobre el viejo aparato de amolar.

O mejor:

Variar puede el cuchillo las
tijeras su
pregón el armónica su pierna.

¿Tú ves que estuvimos hablando?

«Lograr esa estructura».

Lograr signa la estructura –aprovechó T., hundida en el (…)

«Salta, abre el portón, salta». Puede que sea.

¿Finge?

No su voz ronca. No es su voz ronca de siempre. ¿Finge?

«Abre el portón, abre, salta».

Y sé, que de hacerlo, me esperaría al final, al fondo, en otro empeño ¿en otro tiempo? en fin, la mismísima T. ingrata, en el portón T., desatinadamente.

Qué habríamos hecho por aquellos meses. Se toca con sus dos manos el vientre.

«¿Que pierdas un *instante*, que no sepas, de quién es ese *instante*?».

El tintineo de la gota de agua… Hay el tintineo hostil de una llave de agua.

«Qué habríamos hecho. Di, qué es lo que habríamos hecho».

No es la primera vez lo de este asunto de la llave de agua —señala—, su borboteo, durante toda la noche.

Bosteza. Ante un imaginario espejo el vientre. También el movimiento de sus manos.

En la penitenciaría –no dice todo.

«Tampoco yo creo que diría».

...debe haber sido hará ya muchos años, primero, él que bajaba ¿errático? («yo diría borracho») por aquel callejoncito... blancos los zapatos y el sombrero, el pantalón blanco, el saco blanco unas veces doblado, en el antebrazo izquierdo, echado sobre el hombro izquierdo el saco, otras («el palillo entre dientes, el palillo entre dientes, o en los labios») habría estado orinando, unos minutos antes, contra alguna pared de zinc o de latón, herrumbrosa pared seguramente, orinando, recostado a algún poste, y luego, cuando ya bajaba... otros pasos, ruidos, un ladrido de perros desde patios vecinos, ruidos, otros pasos, los mismos que se alejarían mucho más rápido, por aquel callejoncito y él, incomprensivo, inclinado casi, de ropa blanca en medio de la noche («no sé si tarareaba, cuando venía, o silbaba una canción») rasgado en medio de las piedras el saco, hacia un lado el sombrero, la luz que lo ilumina poco y mal, caído, el sombrero, sobre la corriente de alguna cañería rota, el puño de la mano derecha contra la vieja y mohosa pared de ladrillos, su frente, arrugada cada vez, apoyada irresistiblemente contra el puño de su mano derecha, eso, en tanto habría algo que no podría soportar en el estómago, su mano izquierda justo en el estómago enrojecido, la camisa también enrojecida, el pantalón y la mano y todo, todo, o casi, enrojeciéndose. Después seminclinado, inclinado después, después cada vez más inclinado, arrodillado finalmente frente a la pared («¿caedizo, el palillo entre dientes, o en los labios?») la luz que lo ilumina poco y mal, por aquel callejoncito, umbrátil, hará ya muchos años, de camino hacia el Chorro

«¿Puedes robar algo para mí?».

Lívida se encoge. Yo, ante la máquina de escribir. O, con sequedad:

«¿Qué?».

Y vi que se encogía un poco más:

«Tiempo. Robar un poco de tiempo para mí».

¿El aire se humedece? –De por esos días, en que vadeábamos el Chorro, cierta expresión: «La puta nube».

Se viste ella, y yo, después del baño.

«¿Poder apartarse cada vez más de ciertos flujos? ¿De –ciertos– influjos?», pensé.

Recuerdo que dijo: «Lo único que no me gustan son estas cosas de milenio en milenio».

«¿De milenio en milenio?». Pude sopesar mientras me secaba; mientras, desnuda casi, me abotonaba.

Pasear, mirar esas vidrieras, en tan sólo una sucesión de láminas, de lugares, de encuentros.

«¿Pero, habría algo más que consignar?».

Al estallido de la hora.

O faltaría una rata pesada, a la orilla, saltadora a la orilla y de entre escombros, una rata.

En las vidrieras: «Oh, dientes casi manchados». Y digo, la boca bien abierta: «Bah».

También si dijo –trataba de comportarse– si dijo:

«Lo veo cómo viene. Lo veo (siento) cuánto me posee».

Sudaba inquieta encima de la cama. Agua –le alcanzo.

Buscaba una señal.

No muy coherentemente encima de la cama. Pero también si dijo:

«Y no le veo la cara. En el sueño, debajo de la ducha, nunca le veo la cara. Las manos grandes es lo único que veo. Las uñas sucias».

No habíamos visto borrar el mural que estaba frente al muro del cementerio.

Eso fue un día.

«Recupera el aliento».

Yo: «No sé qué esperas».

Pausa.

Yo: «¿Y si escribimos? ¿Y si escribimos algo?».

«Sé que vendrían más. Sé que podrían venir (más) y borrarlo. Muchos, muchísimos más –hizo una pausa– y borrarlo».

¿T., tan abultado el vientre ya por esos días? –Piernas casi nudosas (es lo que me parecía). Pies. Recuerdo eso.

De nuevo con ese espíritu mórbido –y no ciego.

«¿4 a.m.? No me duermo».

Hacia zona que inquieta:

«Deja de molestarme. Deja de molestarme ya…».

Despacio –la intersección presente. Despacio ¿la inmanencia?

«La cerca de la iglesia, el jardín.

Mi bisabuela a rastras, conmigo, de camino a la iglesia.

De camino a la iglesia de la calle 130.

Vivíamos para ese tiempo y ya, en la calle 124, la zanja que corría al fondo…

Después no ella, sino su voz salida del fondo, y de la zanja. Dijo sólo mi nombre. –Cuánto tiempo».

¿Presión? –La primera vez en la penitenciaría.

«Somos de los que ellos no confían. Somos de los que ellos no confían, no».

¿Presión? –La primera vez y en la penitenciaría.

Y luego –en uno de esos desarreglos menstruales.

Un recorte de periódico en las manos. Cualquier recorte.

Con movimientos casi aparatosos.

Habría dicho:

«Salir mañana».

Y a esa hora, la habría sentido.

Con movimientos casi aparatosos ¡Dios mío! y de clown.

«Veo grande, veo muy grande el piso. Y la mesa que crece».

«A ver».

Con estas frutas… ¿frutas o semillas?

«Mira».

«Veo muy grande el ítamo real en su maceta, en tu patio. El vaso, solitario en el centro –y vacío. Incluso hasta la areca vecina. Mi máquina de escribir… todo, todo muy grande…».

«De seguir un boquete en el (…) –farfulla ingente– se ve que estallaría».

Y que además fuera esto: tú que seguramente gestabas, dentro de aquel edificio como la luna ya, aquel edificio, pero a medio hacer.

«¿Puedes controlarme?».

Miramos, hacia una pared sin pintar, y en la acera:

La grúa que se movía de fondo, al fondo, inútil (la grúa) para nada.

El padre –la mano sobre el aparato de amolar. Cientos de veces.

Y que tantas veces comprobara, antes de irse a dormir, la puerta de la casa.

La ventana.

Del baño a la cocina.

«¿Un palillo entre dientes...?». Renquea. ¿La mano sobre la vieja cicatriz?

Del baño a la cocina, el padre, sin duda, renqueaba.

¿Primera instalación de T., primer agenciamiento?

También si quiere me produce un fuero inusitado.

«Se ve que desespera».

T., progresando en el suelo. Yo, que también progreso.

«¿De dónde di, por Dios, tú encuentras, sacas, todos esos minerales?».

«¿Sacas tú agua, tú… tú sacas de la piedra agua?».

Sujetos, sin sujeción, al suelo.

Ella, con todos esos elementos, yo…

En un momento al suelo. En un momento sin sujeción, sujetos, al suelo, cual un gato.

Pero habría que ver qué son las tardes bajísimas en el puente.

La bondad de la tarde, el puente, cuando asoma.

En mi libreta de apuntes:

¿Persiste cuanto dejaríamos caer, por cierto, un poco quebradizo? ¿Gravitado persiste?

Del paraguas inencontrado en la baranda del puente. Y de bajísimas tardes y cuando asoma. ¿Persiste gravitado?

Dando unos toquecitos: «¡Poss, poss!». En la pared de la penitenciaría.

«Hay quien decide más».

«¡Poss, poss!». ¿El muro del cementerio?

O en casa, sobre la mesa ¿desvistiéndose sobre la mesa? Junto a la cama, con el paraguas... sin el paraguas... ¿cierta arenilla?

«¡Poss, poss!». Apaga y enciende la luz. Me deja, ante la máquina de escribir, a oscuras.

Insoportable y bien.

Con el paraguas (¿Y la arenilla?) Allá, en la pared de la penitenciaría, o del muro...

En casa, sobre mi hombro y, con el paraguas ¿desnuda casi?:

«¡Poss, poss!».

Hacia mí –con una rodaja de tomate en los senos o en los labios. Hacia mí, desde la cama.

De cuando salía, o saltaba, abotonándose por el costado de la fábrica («irrespirable aquel olor a lejía») blanquísima la ropa («¿lo hacía siempre?») o casi, abotonándose, agilísimo como era, alto, el saco blanco en el antebrazo izquierdo, la ropa sacudiéndose ¿asustado? ¿satisfecho? ¿entre asustado y satisfecho?

(«pero si hubo relación o no entre la pistola encontrada en el baño, y los tiros a tu madre…»).

Pausa.

(«o a lo mejor no… Dios sabe»).

de ropa blanca, sus saltos por encima de las cercas, o por la zanja cruzando, velocísimo, entre ladridos de perros y revuelos de gallinas, o por el Chorro, y de noche («Dios sabe… a lo mejor no»).

De T. cuando se curva, estira. Cuando domina infiel, cierta postura.

En el bar cafetería *Los Marinos* la vista fija en torno a la lanchita de Regla:

«Salir un día hasta perderme».

Cuando se curva T., o camina. Cuando domina en fin, cierta postura.

«¿Qué puedes apreciar, qué, desde este instante?».

a) La luz de la habitación filtrada (tenue) entre persianas.
b) Goteo incesante de una llave de agua.

Y le dije: «De aquello que no puedas comprobar...».

«¿Qué puedes apreciar, qué?» inconforme, me insiste. Yo, de pasos lentos, cansados, hacia mi libreta de apuntes:

Acerca de esa caída que hacen hacia un punto los senos.
—¿El testimonio?

«Todavía –le indico– no sé qué pensar». Queda el lápiz en mi mano. Queda un silencio y una luz que, de infiltrada, y entre persianas empezaríamos ya a protegernos.

Cuando estés bloqueado abre un boquete en el (...)

Más corporativa: «Abusas de algo».

Yo, hacia la máquina de escribir.

Ella –un poco más: «Aunque en verdad, no hay quien no abuse *siempre,* aunque no esté bloqueado...».

Hacia la máquina de escribir, yo: «...de algo» T., más corporativa, a veces.

Establecer, fijar, en algún lado (extraño mapa, y que ahora me muestran) lugar donde me habría encontrado el primer día, y por primera vez, con T.

Obvio, la policía...

Difícil recordarlo –escribo. Es posible que haya ocurrido (es lo que pienso ahora, no lo que declaro) a la salida de un baño.

Cosa muy rara. Pero mucha de la gente que quiero y conozco las he conocido a la salida de un baño –pienso. O quise decir, que llego incluso a pensarlo, pero no lo escribo.

«¿Asma? –De verano. Digamos que alergia a la humedad más que al polvo.

Con los años.

Las cosas bien en tanto que no llueva.

¿Asma?– Mudanza le llama un primo mío. De mi primo, hay que ver como piensa».

«Tú, porque andas lento.

Me molestan las personas agitadas.

De un lado al otro de la casa –todo el tiempo. Queriéndolo resolver todo.

Queriéndolo resolver todo, o casi, a un mismo tiempo.

De un lado al otro de la casa.

Tú –me dice– porque andas lento».

Bebía su infusión. Pensaba. Yo: «Puso un muro». Algodones muy raros. ¿Algodones manchados, restos, de algodones muy raros en el bolso?

La policía...

Yo: «La idea fija». El bolso suspendido, al principio, de una cuerda en el pozo...

Yo, con esa pesadilla anoche de no saber cómo es posible que todavía haya quien se atreva a besar en el preciso momento en el que se podría sostener algo pérfido en la mano: un cuchillo, unas tijeras...

La misma T., besándome otro día en salida de baño y tacones de punta, con esa indumentaria de mujer... T., ¿con algo pérfido en la mano?

Qué viene a ser este estadío. Y en bata de dormir:

«Hace falta tener suerte hoy».

En bata de dormir –húmeda, pegada a su cuerpo.

La ropa que colgaba en el patio.

Piensa: «Sí, la mejor de las suertes».

«Están los que dominan ingentes la ilusión –son palabras de T., no mías–. Y están –dice– los que la manipulan». Tarde aquella ahora para mi imprecisa. Las olas contra el embarcadero. Como si hubiera dicho alguna cosa ilusa.

Esta vez se refieren al espacio. Se refieren en el (...) si hay un boquete, al espacio.

Yo, por aquel entonces, primeros intentos: *Divina T.* (¿*Divina*, o *Querida T.?* –mira si dudo). Mi prosa es (¿debes saberlo?) vaya pudor.

Y tengo que reconocerlo. No soy de un lenguaje *muy*. No soy de un lenguaje *tan,* ni cuando escribo, ni cuando hablo.

Sin duda que pensé decir, incluso argumentar. Creo haberme apurado un poco o, creo haberme demorado, en fin, que alguna vez quise *dedicarle* si no un cuento al menos una carta.

«Había un punto en el (…) ¿de fuga?», diría.

O haya un refugio:

El de una grúa –sus cables corredizos…

O un refugio: un edificio ya alto, pero a medio hacer.

La grúa bajo el cielo, el sol, sobre la grúa.

Me muestran, en la penitenciaría, fotos, supuestas fotos de un viejo al que no he visto nunca. Sospechan.

Yo: «Me entero ahora».

Hay un antiguo aparato de amolar en otra. Un tablón…

«¿Y el juego?», me preguntan.

En una bolsa de nylon (eso me muestran) una sábana. Supuesta sábana, eso me dicen… Y señalan foto de algún albañil y un testigo que dijo haber escuchado en el solar yermo: «Ponlo distinto». La policía…

Bajo el agua de la noche apresada –cierto. Me decía de sus primeros tiempos, y del venero, de tener que cuidar un hermanito (?)

Ha dejado el vaso sobre la mesa. Ha buscado mirarse.

«¿No me crees?».

Hay una vieja, casi arrugada foto la cual ahora me entero siempre va con ella.

«¿Qué ves?».

Hay un niño en brazos de un hombre al que se le notan unos pantalones muy buenos. El chaleco en el hombro izquierdo. No sé si sonreía… Un sombrero.

Brumosa como un animal ante el espejo inservible, brumoso, de mi cuarto. ¿Vientre todavía abultado…?

En un lugar distinto de la casa. Gustaba de eso. Cada vez.

«Ella vino a ver mis libros».

Nada de cactus en mi casa. Nada de hormigas en la ventana.

Un gallo vecino también que, como la llave de agua, no la dejaría dormir.

En un lugar distinto de la casa es cuanto le habría gustado –cada vez.

«¿Qué fuera ese crujir intenso?».

Algo así pudo venir desde la parte de atrás del (...)

«¿Y si no fuera en el baño?», preguntan.

Ese día llegó con un par de dedos inmovilizados (entablillados –creo). Siento –sé que me dijo– que se pudiera ir atrás aquel camión. En verdad no sé, o no supe nunca, en verdad, de qué camión hablaba. Y me dijo: probablemente le aplastara las piernas a un barrendero...

«Lo que queremos saber no es... Queremos lo del pozo: la sábana como cuerda, el bolso...».

Con lo cual puso en dudas, si es así, el asunto de la fiabilidad. Fidelidad, pensé mejor. Y terminé de escribir: Ante cosas así siempre decía yo: Bah, puso un muro.

Me ahogo en la noche y en los días de lluvias también me ahogo.

Mi abuela a veces:

«Siempre se dijo que en la familia tendría que morir alguien ahogado».

No habló de muerte por agua. Del asma nunca habló.

...luego que la noticia un día muy rápido corriera («el Chorro seco») ni el limo, el berro, ni los agilísimos peces («aquí les decíamos guajacones») en el Chorro, en los manantiales ya míticos del Chorro. Y del hombre que vendría... ¿de dónde podría venir un hombre hará ya tanto tiempo y a esa hora? («¿un palillo entre dientes, o en los labios?») por aquel callejoncito umbrátil, el hombre, de camino hacia el Chorro

Y ahora esta inmersión:

«¿En qué, para qué, por qué?».

Asida a esta inmersión, muy de sí misma, se ve que estallaría.

Primero son las vísceras las que se descomponen.

Hundida en el (...):

«... son las vísceras».

«Oh, es primitivo».

Hundida en el (...): «También tú me iluminas. También tú si me iluminas –acotó–. Y no es primitivo».

Inexperto, inexacto, tecleo, en mi vieja máquina de escribir, una Remington Rand, tecleo:

La luna es buena hoy.

T., que ha de abrir la ventana:

«Tú, que te crees con la razón...» grita.

Yo, tecleo:

Hasta el alumbramiento...

Hay un vaso (¿de caisimón de anís?) solitario en el centro de la mesa.

¿Y ahora? –Me exigen una posición que valga, convincente.

Me exigen, primero, y ante los interrogatorios: ¿Quién es T.?

Segundo: Retrato hablado.

Tercero: Escribir en una hoja en limpio el día preciso, la hora precisa, el lugar exacto en que nos conocimos.

¿Otros?: Señalar en un plano exacto ese lugar preciso.

Cuarto: ¿Con quién se relaciona? ¿Qué lugares visita?

Quinto: Y entre muchísimas fotos identificar foto. Se sobrentiende: identificar foto(s) de T.

Laminar el collage

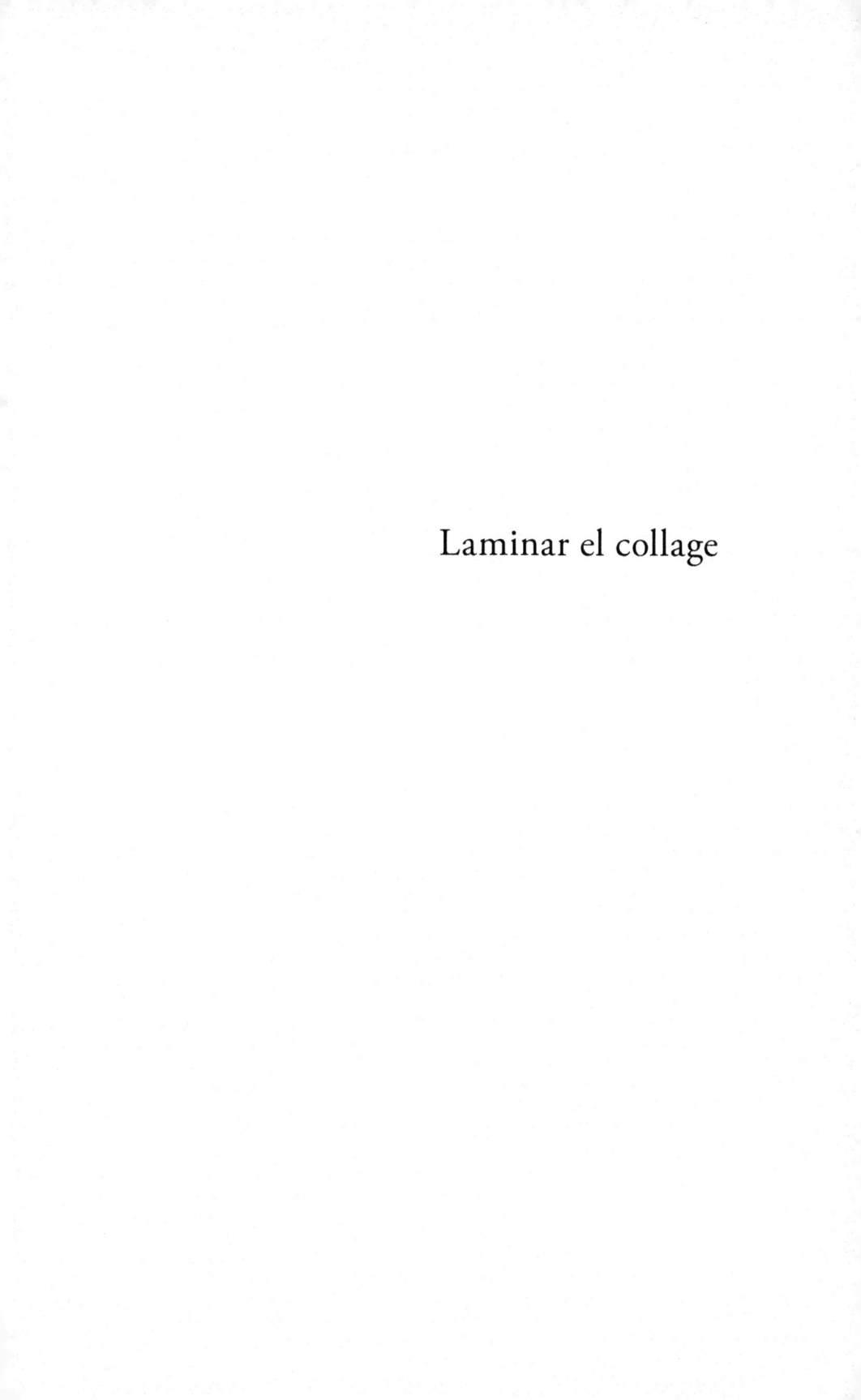

Entonces uno intenta (¿ubicar?) ese Relato cuasi desde el borde. Tan sólo que lo intenta. Y es el momento en que sale y cree, y no es que sienta, que podría. Lo que sería no una imagen, si no un efecto: sentada, con esa gorra de marino en el (…) o en un parque. Vaya pasaje. Los dos junto al muro del cementerio, mirando aquel mural, contadas desde aquel mural las tumbas, las estatuas contadas. Siempre he creído en historias que podrían, por supuesto, no ser esta. Ideas que son efectos que no un re-cuento, así de simple. Y que uno siente o, que ya no aceptaría ¿tanto? desde el momento en que salimos y nos asomamos, que un Relato o, que una no-historia, pudiera tener ese, su mero comienzo, en cómo, de hecho, podría vérsele ubicada: el codo sobre la rodilla, la frente sobre la mano.

¿Y el bolso?

¿Ya una vez en un pozo suspendido, en un cesto de basura… ya una vez? Que una cosa pueda ser incluso así:

¿Veré a T.? Había pensado, hará no mucho, en un método para comunicarme, quise decir, especialmente, ¿con alguien? –con T., quise decir.

Y había pensado: *Divina T.,* o *Querida T.,* etc., etc., específicamente.

Y en mi libreta de apuntes:

«*Mi peor enemigo ahora es la ansiedad*».

Y en mi libreta de apuntes:

«¿Variante? *—Un signo más (...) un universo*».

Del Solar I. Ningún mar. La ventana no da al patio. Da a un pequeño solar yermo.

Escombros en el solar (una capa espesa). Basura.

El pozo –seco y de malezas cubierto– al fondo.

Intransitable… Cualquier cosa al solar. De noche –cualquier sombra.

¿Estalladores? –Y como eso, bueno, espacios ilusorios.

Arranca una hoja que no he terminado de teclear. Lee.

«Vaya –me dice– conque pensando por ti y por mí», me dice.

Y vuelve. ¿O se vuelve? Su espalda vaporosa, así y todo, su piel.

Y en mi libreta de apuntes:

«¿Espesamientos?

—En todo caso comprobarlo. Comentarlo en todo caso».

Cifras del mejoramiento I: Te ensucias si te levantas. Yo: dientes casi manchados. Ella: de piernas muy sueltas; vientre todavía abultado...

Digamos: a) _____, b) dientes, y c) piernas.

Eso. Si te levantas. Pero si no puedes, mejor es que no digas. Que si no más exacto: c, b y ese otro acertijo a. Por cierto, ni más ni menos exacto.

No abrir, si no entreabrir.

¿Y no lo habíamos ya antes aclarado?

Que una cosa pueda ser incluso así, ¿vuelta al vacío?

O mejor: –Un paraguas y un puente.

¿Un paraguas que se cuelga divina y/o provisoriamente de un puente?

De por esos días: «La puta nube».

Y en mi libreta de apuntes:

«Warhol, una máquina.

Warhol: 'Yo quería pintar como si fuera una máquina'».

Planetarium. En un gesto de expresión ¿en una hora molesta?

«Esta es la zona».

En un gesto, una expansión la cual se ve que aun…

«Sí, *planetarium,* sería como en este caso, estar en zona».

¿Una especie de metáfora invertida, una génesis?

¿Dónde podría estar uno a bien sino debajo de los árboles?

Alguien dijo: «Son verdes, casi rojas». «¿Frutas o semillas?».

Aclarar bien esta objeción que de seguro me habrían podido señalar.

La columna de hormigas…

Y en mi libreta de apuntes:

«Duplicidad alerta. ¿Incierta la singularidad?».

Del aborto I: Y cuando abrí la puerta de casa juraría que no noté nada.

Pero cuando fui a la del cuarto…

No ella y yo –sino ella y…

Cerré la puerta (la puerta digo del cuarto y de la casa) imperceptible casi.

Salvo algún olor a mercurio –se ha sabido– nada.

Ya tú viste: noción de realidad ¿noción de verticalidad?

Pérdida de sentido ¿eso me dicen? en un sentido.

Jodida manía de andar, tocar mis cosas, cartas y manuscritos: extraño eso. Diáfana, cínica a veces T., cordialmente.

Y en mi libreta de apuntes:

«¿Singularidad de sentidos?

−Digamos del relato. Digamos que de los múltiples microrelatos llanamente».

Del fonógrafo. «No creo, oh dios, que entendiera de esas cosas».

También si falla.

«De cables y fonógrafos. De ruidos. De mecánica –no creo».

Desorden o delirio, no sé. Tampoco si recuerda.

«De niña mi madre abría y abría todas las ventanas.

Las abría y abría –agregó–: Yo las cerraba».

Y en mi libreta de apuntes:

«Recupero este sueño: un clavo entero en el oído derecho. Algo como un gusano entero todo (muelle y blando) en el oído.

Se oculta ella. Se escurre entonces (ella) ahí en el sueño al verme cuasi, así y todo, con el oído derecho».

Del solar II. De noche cualquier cosa al solar.

¿De noche –cualquier sombra?

Una multitud curiosa que se apretujaba.

Linternas se movían. Fósforos. Buscaban iluminar el pozo (rodeado) de malezas. Y la maleza cubierta (rodeada) de picuala. Iluminarlo todo –buscaban.

«Parece que alguien estaba ahí desnudo, miraba. Hacía algo al parecer y, desnudo…».

Comenzaban a escucharse los ruidos de sirenas de la policía. Bordeábamos la multitud. De noche…

¿Cómo estallar, cómo, no sentirnos invadiendo?

Ver una ceniza tan larga larga (tan larga casi) como el mismo cigarro.

«No poder evitarlo. No - po - der - e - vi - tar - lo», grita. Casi fuera de sí: «¿O no lo entiendes?».

Y en mi libreta de apuntes:

«¿Mundo ulterior espacios interiores?».

Del aborto II: ¿Cavidades? Todo lo que construyo, todo. La duda está en el (…)

¿Se habría sabido? Viendo el pesado bolso. Viendo como lo habría visto…

De madrugada. La policía… Algunos *restos*, microscópicos *restos* todavía en el baño.

El baño roto. La policía: «Es un asunto estricto (abierto) y bien tramado».

Lo he sabido, la policía registra, busca. En los trastos de allá, y entre macetas, la policía…

Precisamente el cactus –y la ventana.

«Cuando se pone el sol *menos* sol es que yo voy al estadio».

Día húmedo. Día casi de lluvia. Asma.

Predominio del aire, tos. En este tiempo, algo así es muy probable.

Y en mi libreta de apuntes:

«*Me gustan los* tratados. *Me gustan más bien los* falsos tratados».

Subrayado en un libro de Alejandra Pizarnik. Fue en el puente. Yo estaba desnuda y llevaba un sombrero con flores y arrastraba mi cadáver también desnudo y con un sombrero de hojas secas.

Subrayado bien fuerte en un libro de Alejandra Pizarnik. *Fue en el puente.*

Cierta arenilla.

«Te voy a regalar una cosa. No material».

Involuntaria o casi. Incluso con presuntuosidad.

«Verás, soy linda cuando me emborracho».

Involuntaria. Sin perfección. Sin. Incluso casi.

Y en mi libreta de apuntes:

«¿Variantes?

a) En todo caso comentarlo. Comprobarlo en todo caso.

b) ¿Un signo más (...) un universo?».

En la penitenciaría. «Si vieras, me mira el jefe y yo no miro al jefe».

Nada que añadir. ¿Nada que sobreañadir?

Me creía, y creía, ufana, ufano, por el borde.

Y en mi libreta de apuntes:

«*Estaba escrito muy claro en el bolso de (…)*

Y estaba escrito:

LA RIVOLUZIONE NON RUSSA».

Botánica. ¿Frutas o semillas? –Comimos cierto día brócoli.

Sin entender —nada. ¿Sin comprender que apenas hemos conocido?

En el agua –inmediata.

«No terminaría nunca de contarte».

Me ofusco.

Con su habladera, intermedia, en el agua.

«De contarte» me insiste, inmediata en el agua, con su habladera, en el agua. Intermedia.

Y en mi libreta de apuntes:

«*Otra historia.*

No - una - historia - más posiblemente».

Cifras del mejoramiento II. Alguna vez pensó ponerle nombre a nuestra casa.

Y ponerle: «*Pla – ne – ta – rium*». Sí, alguna vez yo creo que pensó eso.

Tampoco espesamientos.

Y en el borde:

«¿No encuentra la incisión?».

Me juzga entonces, abstracta (?) por el borde:

«Por eso se propaga».

Y en mi libreta de apuntes:

«¿La llamada paradoja de T.?

"No tengo ningún interés en visitar Marte, pero si puedo hacerlo ¿por qué no?"».

Flujos. Habrían estado durante toda la noche –ladrando.

¿Y la llave de agua? ¿Y los toques incesantes en la puerta vecina?

«Los perros –me aseguró alguien– tienen cierta tendencia a la locura».

«Quien te lo dijo –me aseguró ella– también».

Y la hija de puta llave de agua del vecino…

Hemos conocido poco –obvio– pero algo hemos conocido.

Y en mi libreta de apuntes:

«Completa el campo.

Ingresa en los compartimentos, oh dios.

"Come una rivoluzione. Come en una rivoluzione nunca terminada" (sic).

Proclive a ello, fue lo que dijo. (Sic): "Completa el campo"».

Absolut T. También afuera las nubes sucedidas.

«Él olvida. Él...».

O: «¿Tú crees que él te habría olvidado?».

Seguidos de la ingente, imaginaria, o invisible línea de demarcación.

Absolut. T., también afuera las nubes precedidas. Procedentes las nubes, allá afuera.

Pero en un principio no fue así. En un principio la mesa estuvo realmente puesta, y mi padre cruzo las manos sobre el mantel realmente, y el agua santificó mi garganta. (E.D.)

Incipiente:

«Si es que no hay una dirección, oh di, ¿aquí qué es lo que hay?».

Y pronto:

«¿Qué es esto?» Inquiere. La mano en mí:

«¿Qué es esto, di, un raro aditamento?». Con sus calores.

Yo, descalzo aún, vestido casi, tajante:

«Se ha producido».

Con sus calores, con sus resortes, oh sí, con sus continuas preferencias.

Y en mi libreta de apuntes:

«¿Como aquello que ya no conocemos? ¿O como esto?:

–Una ampolla de vidrio con aire de París (M. D.)».

Perentoria. ¿Hay una pregunta? ¿Quedaría todavía por hacer una pregunta?

«Bueno, no es un método querido ni divino. No es un método».

De separarnos en el mismo punto en el que parecíamos unirnos.

«¿Allí?».

«Pierdes un poco».

Por un *presunto* intento en el (…) ¿y de homicidio? ¿o de ahorcamiento? Con una sábana en el baño, o en el pozo.

«Son tantas las visiones…».

«Versiones tú querrás decir. En verdad –pierdes un poco».

Ir accediendo. Un ir descendiendo. O simplemente: entre un ir venir, sencillamente, ir.

He anotado cierta expresión oída esta mañana:

«Un día para la lluvia».

He anotado: «¿Dónde los pusiste, mami?».

¿Respuesta?: «Detrás de los cascarógenos» escucho. Y lo he anotado.

Y en mi libreta de apuntes:

«Si hay algo singular. Si hay algo que podría ser considerado singular».

Clown. ¿Segunda *instalación* de T., segundo agenciamiento?

Un desarreglo es bueno a veces. Un desperfecto.

¿Ha escapado? No dudo que haya escapado. Un cactus en la ventana, una infusión de caisimón que uno destape, de blusa mal abotonada, las piernas entreabiertas, el bolso... con esa gorra de marino... Un cactus...

En la penitenciaría II. Y allí en los interrogatorios, y decididamente: «¿Quién es T.?».

Planetarium

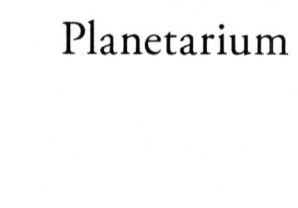

Del fragmento (¿asuntos de poética?). Leo sucintamente en una tienda (tienda que habría perdido, sucintamente) las vidrieras.

Tiendas por departamentos.

Y de la no-historia, *y del fragmento, me acuerdo ahora.*

Crea tus mecanismos. Tú mismo crea, o trata de crear, tus propios mecanismos… Ahora me acuerdo.

Lo que está sobre la mesa además del caisimón es… Bueno es saberlo. Desde *los límites* si tú quieres.

Ahora mismo, si acaso con un *chador* y en tacones de punta o, con esa otra indumentaria de mujer…

«¿Puedes oírme?».

Inmediata en la puerta y al momento, algo muy frágil, tímida, algo muy lenta.

«Por estos tiempos, a finales de mes, es que se han visto hormigas voladoras».

«A pocos pasos de aquí». Yo digo hormigas ¿voladoras, digo, ahora mismo?

«Si tú quieres. Porque tiene que ser que tú quieras. Desde *los límites*».

Y si fuera que no recordaras bien, o un poco, luego, de algunas sesiones (*sessions*) en que leíamos un tanto, un poco, hasta la noche; en que evitábamos mirarnos y, cualquier cosa, evitábamos. Qué distintos y seguros a la mesa al ver, muy distintos, cómo es que ya empieza a decolorársenos el pelo. Tú dices: «No puedo controlarlo» dices, con aquella indumentaria… Y claro, pues quería creer –no sé cómo lo dirías tú– que te referías a cierta música vana y estridente de por esos días. Sólo dije lo que unos versos que tomé y no traduje, te imaginas, de un poeta rumano: «*Mă – închin la soarele – înțelept, / că sufletu – i fîntînă – în piept*». ¿Te imaginas? Pues eso dije.

Pero si nunca había visto yo manera de mirar, abrir los ojos, la boca y, más exactamente, de mostrar, saxo y tacones en mano, los dientes.

Con otra prueba así (inesperada casi) y esa misma intensa voluptuosidad.

De repetirse podría ocurrir lo irremediable… ¿O debería de no estropearlo todo *mientras*?

Ante tanta voluptuosidad, no sé si explico bien, pero es seguro que podría.

Hundida en el (…) Las manos en forma de bocina grita, me grita, contiene.

Desnuda, con ese cadáver a rastras y que citara ¿recuerdas? de A. P.:

Fue en el puente. Yo estaba desnuda y llevaba un sombrero con flores y arrastraba mi cadáver también desnudo y con un sombrero de hojas secas.

¿Resolvería esa historia del hijo de puta de su vecino que no le dejaba dormir, con el ruido incesante de una llave de agua, abierta, durante toda la noche?

Desnuda. Las manos en forma de bocina −contiene.

Sin contenerse, también entre los oxidados hierros de una grúa.

Qué podría ocurrir entonces, qué, en ese *ghetto*, una fría mañana, umbrátil, sin saber uno y otro, sin saber ya de alguien o de nadie, los unos y los otros.

El pozo de picuala cubierto. Incluso, otros dos elementos:

a) La columna de hormigas
b) El cactus –en la ventana

Se habrían convertido al punto ahí mismo, cada uno, en ese *ghetto* y-ese-mismo-punto o *ghetto* en dos mitades.

Ellos ¿la policía? Ellos –sobre el bolso y sobre los *restos* ya pútridos, encontrados: «Se dividen y se juntan».

Guiados por el modo ayer, guiados por el modo ahí mismo en *Alcanía* el vecindario ayer –umbrátiles.

Volver a oír lo que nunca. «¿Con el fonógrafo? ¿A través del viejo y destartalado fonógrafo? ¿Por el fonógrafo?». Ya tú viste: «No le veo la gracia». A esa hora ¿4 a.m.? Puede que fuera con ese trasto, maldito, condenado aparato. O puede que te muestre así, aunque no quieras, unas doscientas placas que nunca llegarías a oír… que pone y quita y, todas o casi todas, de 75 r.p.m. ¿el resto de 78? Con ese indicio de *scrach* que espanta y enruidece: «Que envilece, tú dirás». Bueno, a esa hora ¿3 a.m.? Tú sabrás. ¿La policía justo –a esa hora?

En verdad –mínima su presunción del patio. Hay cacharros y también trastos. Apenas dos tanques oxidados de cincuenta y cinco galones para almacenar agua, un lavadero y plantas como sábila («bellísima que se le da») y el ítamo real, la manzanilla («no vi ni un cactus, tan sólo el que tiene en su ventana») y la areca vecina («mucho más tuya al parecer –así creo le dije– que del dueño») abierta ya por sobre el muro.

Ni caisimón ni picuala. En el solar yermo sí. Pero te habla de ellos como si siempre las cuidara.

De la primera vez, oh, dios:

«¿Un pudridero?».

«Oh no, un *planetarium*» –sonrió, el primer día.

Fiel a ella misma siente o dice sentir curiosidad por...
Miramos las vidrieras. ¿No es un absurdo? Vaya ¿el mundo
no es un absurdo? ¿El mundo no está lleno de absurdos?
¿Los hombres no son sólo una curiosidad? ¿No somos acaso
una curiosidad absurda?

En otro momento y ya en casa (el viento en la ventana,
empuja el viento, algunas de mis páginas) la misma voz
también, la voz de ella ¿inútil? en el cuarto inútil, la misma
voz de ella desarticulándose.

«Y cuando como mangos –me dice– quiero ver la semilla,
debo sentir cómo lo hago, de veras que no digo, no siento,
si no chupo bien la semilla que he comido mangos».

Podría extenderse, podrías pensar que es de su parte un
poco pecaminoso, y de su parte, todo ese asunto del mango.

¿Subiría la picuala ya más de lo que habría hecho? ¿Al pozo y el solar yermo, definitivamente, los cubriría? ¿Ante plantas que invaden y la areca vecina, el caisimón que también invade? Se solía escuchar en ese entorno bien la voz de algún albañil:

«Ponlo distinto».

«Mi idea era bajar un poco la ventana, y que alguien tranquilamente pudiera, ver».

Tiemblo al considerar la idea.

Y es que con las lluvias debieron haber llegado aquí (T. no especifica) rojas, verdes, incluso blancas, entre cacharros y trastos en el patio. ¿Frutas o semillas?

Muy confuso, es cierto, era abrir (ya para entonces un poco maloliente) ese bolso. Y no es que la policía... Revertir el instante, verla, de presentadora ocasional en *aquel programa*, $5 la entrada, en sala y escenario improvisado (la sala no, la sala es la de mi casa) para algunas de sus muestras. Y me diga: «Lo hago sólo para ti, querido». Y lo diga, no con voz ronca (*su voz*) si es que lo dice, y lo diga con un tono impostado.

«Podrían venir los de casa y...». Intento precisar, lo cual no parece importarle; lo cual no parece para nada importarle.

Y así es que va y lo resuelve todo con un gesto —ese gesto— el gesto que la haría *irrefrenable*. E improvisa.

Yo: «¿Es sólo ocasional?».

O ella: «¿Y no serán estas frutas...?».

Irrefrenable, sí, con una rodaja de tomate en los senos o en los labios, poco aseguro (y es lo que sospecho) que podría levantarme y dar, si tocan a la puerta, una imagen de mí compuesta y favorable, acaso, una imagen serena.

Sello con una masa de pan aquel punto de hormigas en la ventana. A continuación escribo –no, diría que más bien fijo– una escala, una idea.

Esta es la hora en que no pueden escapársete ¿volar? Salir a trancos.

Escribo: *Sello la cueva.*

Paso los labios por el borde del vaso, vacío, de T., claro. Lo aspiro, claro. Y si todo esto es, y ha sido, es (será) ¿quién lo sabría…?

Y abro, sin pensarlo ya más algún boquete en el (…)

Escribo: *Sé que puedo (si es que no sello la cueva, vamos) mirar un poco las hormigas, esa fila inconclusa, apta. En la ventana –esa fila imprecisa.*

Epílogo

Con sus resortes –amplifica.

«No le digas a nadie que yo...».

O hace, con sus resortes –referencias.

«¿Hay que volver, hay, que tener cuidado [¿al pozo?] de volver?».